J

22392

UN MOT
SUR LA GRÈCE,

OU

RÉFLEXIONS

SUR LA DERNIÈRE BROCHURE DE M. DE PRADT.

IMPRIMERIE DE FAIN, PLACE DE L'ODÉON.

UN MOT
SUR LA GRÈCE,

OU

RÉFLÉXIONS

SUR LA DERNIÈRE BROCHURE DE M. DE PRADT,

Ex-membre du côté droit de l'Assemblée constituante, ex-ambassadeur à Varsovie, *et actuellement prophète au service de l'Europe et de l'Amérique ;* intitulée :

DE LA GRÈCE

DANS SÉS RAPPORTS AVEC L'EUROPE.

Conticuére omnes intentique ora tenebant.

A PARIS,

CHEZ LES MARCHANDS DE NOUVEAUTÉS.

1822.

UN MOT

SUR LA GRÈCE.

Aussitôt qu'il arrive un événement important en Europe, la voix de M. *de Pradt* se fait entendre : il est l'enfant gâté des esprits paresseux, il les a accoutumés à ne penser et à ne voir que par lui. Jusqu'au moment où il livre ses feuilles *sibylliques* au public, il règne une sorte d'incertitude dans l'opinion de ses nombreux admirateurs : une inquiétude vague les domine. Les interrogez-vous ? ils vous répondent à peine ; ils regardent à droite, à gauche ; ils lèvent les yeux au ciel, comme pour lui demander l'inspiration ; on s'aperçoit qu'ils cherchent un appui, que quelque chose leur manque ; et cet appui, ce quelque chose, c'est l'opinion de M. de Pradt. Ils sont bien certains qu'elle paraîtra, mais quand ? Sera-ce un volume ou une simple brochure ? car l'étendue de l'ouvrage est pour eux une considération importante, et pour cause ; plus il est bref, plus ils l'apprécient : ce ne sont pas desraisonnemens qu'ils lui demandent, ce sont des décisions bien tran_ chantes qui excluent absolument toute réflexion.

La couleur du libéralisme dont M. de Pradt embellit ses écrits les rend extrêmement séduisans pour les jeunes têtes qui sont toujours disposées à la fermentation ; elles y trouvent tout ce qu'il faut pour la produire et l'entretenir : aussi on-ils beaucoup de vogue dans les universités , les colléges et les comptoirs. Ce n'est pas précisément l'établissement pur et simple des républiques qu'il propose, mais son gouvernement de faveur en approche infiniment ; s'il y mêle une légère teinte de monarchisme , il semble ne le faire que pour la forme , et pour ne pas heurter de front le principe monarchique qui sert de base à tous les gouvernemens de l'Europe ; il pourrait craindre d'ailleurs en s'abstenant de cette sage précaution , que quelque suppôt de la *tyrannie* ne s'avisât de l'inquiéter pour ses opinions, et n'eût l'impudeur de le rechercher comme arborant le drapeau de la rébellion au milieu de l'Europe.

M. de Pradt, quoique ministre du Seigneur, est bien éloigné de penser, avec J.-J. Rousseau, qu'il faut bien se garder de faire une révolution, si elle doit coûter une goutte de sang humain. La terreur, les massacres, ne sont au contraire rien pour lui , et au hasard de tout ce qui peut en arriver , il désire que les peuples secouent le joug de ce qu'il appelle le *des-*

potisme. Si la force majeure ou quelque autre événement imprévu vient empêcher l'explosion de la liberté dans un pays quelconque, il appelle ce pays un *pays manqué*, mot heureux, par sa précieuse analogie avec celui dont se servent en pareille occasion les voleurs des grands chemins; lorsqu'un postillon habile a su donner de l'éperon à son cheval de manière à leur enlever leur proie : *le coup est manqué*, disent-ils.

Qu'on n'aille pas croire pourtant que M. de Pradt ait la moindre disposition à jouer un rôle dans les scènes de désolation et de carnage qui affligent l'humanité, dans les révolutions qu'il prépare ou approuve par ses écrits. M. de Pradt aime à jouir du présent; il ne sacrifierait pas un seul jour de son existence actuelle au bonheur à venir du genre humain : mais, après avoir fait un excellent dîner, qu'il a égayé par ses saillies bouffonnes, il pointe son télescope sur les diverses parties du monde, et quelque tumultueux, quelque horrible que soit l'aspect des points de vue qui se présentent à son œil, il ne peut troubler son heureuse digestion ; il écrit sur un massacre avec autant de paisibilité d'esprit que sur une scène de l'Opéra, et juge des coups que se portent les adversaires, avec autant de sang-froid que s'ils n'étaient armés que de torches à l'esprit-de-vin ou de poignards de carton.

Heureuse impassibilité, qui lui permet de se livrer à toutes les rêveries du perfectionnement de la civilisation et de l'augmentation de l'industrie , sans être embarrassé par de minutieuses considérations de tranquillité publique, d'humanité , ni par les difficultés sans nombre que présentent à la réalisation de ces avantages, les mœurs, les habitudes, les caractères et la religion des différens peuples, ni la différence des climats qu'ils habitent : difficultés qui ont souvent arrêté dans leurs calculs philanthropiques des petits esprits tels que *Montesquieu* et *J.-J. Rousseau.*

M. de Pradt n'aperçoit que deux chances dans les révolutions , l'augmentation de la production et le perfectionnement de la civilisation. Il lui semble déjà voir les Amériques, la Grèce et les *trois Turquies* venir enlever à nos manufactures leurs immenses produits. Cet heureux avenir se développe à ses yeux paré des couleurs les plus brillantes : il ne lui vient pas un instant à l'idée que cette perspective puisse être aussi illusoire que le spectacle de la *Morgana* sur les bords de la mer de Sicile.

Si cet infatigable publiciste avait commencé à écrire lorsque l'illustre *Catherine* forma le grand projet de peupler la Scythie ou Crimée, il n'aurait pas manqué sans doute de féliciter la France de cet événement ; il aurait vu dans cette vaste colonie un débouché certain pour nos vins, nos huiles, nos fruits secs, nos étoffes, nos meubles. Qu'est-il arrivé pourtant ? c'est que ce pays est devenu dangereux pour la France, en le menaçant sans cesse de l'encombrer de productions dont elle regorge elle-même, et à en faire diminuer la valeur de manière à décourager entièrement l'agriculture.

La Crimée, en échange de ces denrées apportées en France en si grande abondance, n'a voulu recevoir que de l'argent. Qu'aurait-elle pris, en effet, qu'elle ne pût avoir à meilleur marché et de meilleure qualité dans la Grèce ? Les peuples à demi barbares qui l'habitent n'ont encore que des besoins absolus et ne connaissent aucun de nos besoins factices ; et si par la suite ils se civilisent, ou plutôt s'ils se corrompent assez pour connaître le luxe, ce ne peut être qu'à une époque très-reculée ; et alors, ou la Russie, conservant encore ses droits de métropole ou de souveraineté, leur fournira tous les nouveaux objets nécessaires à leurs besoins factices, ou s'ils parviennent à secouer son joug, suivant le système d'indépendance, ou plutôt d'ingratitude coloniale, prêché par M. de Pradt, devenus industrieux eux-mêmes, ils pourront fournir à leur tour les produits de leur industrie aux nations plus éloignées qui habitent l'orient de la mer *Caspienne* et les bords de la mer d'*Aral*; car, selon le même système, et par une conséquence qui en dérive nécessairement, la civilisation et l'industrie doivent faire de proche en proche le tour du globe.

Bien loin donc de rendre notre position industrielle plus brillante par la population civilisée des déserts de la Crimée, comme elle devrait l'être selon le système de M. de Pradt, la Russie a porté au contraire à notre agriculture le coup le plus funeste, en facilitant à nos administrateurs, lorsqu'ils sont avides et intéressés, les moyens de s'enrichir en encombrant nos magasins des bleds de la Crimée, au moyen des licences toujours chèrement payées par les spéculateurs; ou lorsqu'ils sont imprévoyans et inhabiles, les moyens de réparer leurs sottises en introduisant en France une abondance étrangère, souvent inutile, et toujours ruineuse.

Il en sera de même à notre égard pour tous les pays qui se civilisent et où l'industrie fera des progrès. Pour que ces perfectionnemens pussent nous être profitables, il faudrait que nos rapports commerciaux avec eux fussent soumis au régime colonial ; et qu'un commerce d'échange forcé pût s'établir entre nous d'une manière solide et invariable. Or il ne peut s'établir tel, que dans le cas où nous parviendrions à leur interdire, par un traité de commerce ou autrement, la fabrication des objets que nous pouvons leur fournir, et leur acquisition partout ailleurs que dans nos manufactures, et c'est ce qui n'aura jamais lieu d'après les principes de liberté et d'indépendance absolue qui ont déjà fait de si grands progrès dans les colonies espagnoles, et qui ne peuvent manquer de se répandre dans tous les pays qui se civiliseront à l'avenir, en se soustrayant à la domination de leur métropole, ou des gouvernemens qui les tiennent dans leur dépendance.

Que nous est-il revenu de ce mouvement d'imprudente philanthropie qui nous fit soutenir la liberté américaine? Nous pensions ne travailler que contre les Anglais, et cette fausse démarche doit entraîner sous peu la perte entière de nos colonies : car, en rendant l'Amérique libre nous l'avons rendue agricole et industrieuse, et son voisinage de nos colonies nous met dans l'impossibilité de soutenir le système de prohibition, et de commerce exclusif que nous faisions avec elles. L'Europe perdra toujours de ses avantages en raison de l'augmentation de ceux que pourront se procurer les autres parties du monde; et relativement à l'Europe, ses deux royaumes les plus industrieux, l'Angleterre et la France, doivent s'abaisser en proportion que les autres nations qui la peuplent s'élèveront.

M. de Pradt est impatient d'arriver à ces

heureux résultats dont il se promet pour la France les plus grands avantages. Mais au lieu d'aller si vite et d'étendre ainsi son horizon à perte de vue dans l'avenir, s'il jetait un coup d'œil attentif sur ce qui se passe aujourd'hui sous ses yeux, il jugerait, par nos rapports actuels avec l'Angleterre, des résultats inévitables d'une industrie et d'une civilisation trop générales. Il n'existe plus entre l'Angleterre et nous aucune espèce de rapports commerciaux ou d'échange; nous sommes régis l'une à l'égard de l'autre par un système de prohibition absolu, et voilà précisément l'état ou se trouveraient respectivement tous les états civilisés si leurs productions étaient aussi abondantes que celles de l'Angleterre et de la France. L'excès de l'industrie détruirait absolument tous les avantages qu'elle procure lorsqu'elle peut épancher ses produits; que toutes les nations soient industrieuses, il n'y aura de riche que celle qui possédera exclusivement des objets de première nécessité dont les autres ont besoin; et nous ne possédons rien de ce genre en France, tandis que nous avons besoin d'une foule d'objets extérieurs pour alimenter notre luxe et notre industrie.

Le gouvernement anglais, plus réfléchi que notre oracle à tête légère, sent toute la force de cette vérité; il a calculé depuis long-temps les avantages énormes que procureraient au nouveau monde sur l'ancien la civilisation et l'industrie ; aussi ne recule-t-il que pas à pas et en résistant , devant cet avenir , qui menace les états de l'Europe, si ce n'est d'une nullité absolue, du moins d'une infériorité énorme.

Essayons de rendre cette vérité évidente relativement à la Grèce, en jetant un coup d'œil rapide sur la dernière brochure de M. de Pradt, qui traite des rapports de ce pays avec le reste de l'Europe. Nous la suivrons par chapitre selon la division de l'auteur ; s'il nous eût été permis de la faire réimprimer, nos observations y auraient été placées en notes à la suite de chaque chapitre : nous nous contenterons d'indiquer en notes les chapitres auxquels elles répondent; de cette manière, elles marcheront sans interruption , sans cesser d'être méthodiques.

(1) La tribune nationale a retenti des grands noms de la Grèce et de l'Orient, et cela devait être ; d'aussi grands événemens ne peuvent se passer en Europe sans que la France y prenne une part directe; mais il ne pouvait être rien proposé à cette tribune relativement à la conduite que la France est appelée par sa position topographique et ses intérêts politiques et commerciaux à tenir dans ces événemens , puisque le droit de guerre ou de

---

(1) Préface de l'ouvrage de M. de Pradt.

paix, d'alliance ou de traité, quelconque, appartient exclusivement au roi, et que c'est lui seul dans sa sagesse qui doit décider si réellement l'honneur national et l'utilité publique exigent que nous nous immiscions dans les divisions qui existent entre une puissance amie et ses sujets. Nous ne nous sommes pas assez bien trouvés de nos révolutions pour aller soutenir de nos forces celles que l'on tente en ce moment ou qui à l'avenir peuvent être tentées en Europe. La Turquie est pour nous une puissance amie, les Grecs sont ses sujets par les droits positifs de la conquête et de la prescription ; cela nous suffit pour savoir ce que notre bonne foi nous impose de faire en cette occasion.

Que ce soient les Grecs qui secouent le joug de la Turquie, ou les Espagnols qui détruisent imprudemment l'édifice de leur ancienne constitution pour en élever un nouveau sur d'autres fondemens, et d'après un autre plan, nous ne pouvons que gémir sur les maux que de pareilles révolutions préparent à l'humanité ; mais à moins que les résultats probables de ces grands événemens ne soient de nature à compromettre notre honneur ou notre sûreté, nous devons garder la plus exacte neutralité. L'augmentation de la puissance russe, de l'Autriche et de l'Angleterre peuvent être le résultat de l'insurrection des Grecs. C'est sous ce point de vue seulement que nous devons envisager la question ; elle est assez importante par elle-même pour que l'on n'aille pas la confondre avec une foule d'autres considérations qui ne font que jeter de la confusion dans une matière qu'il est si important d'éclaircir.

(1) Depuis quatre cents ans les Grecs n'ont plus de territoire à eux ; car c'est s'écarter étrangement de la vérité que de ne voir dans la Turquie d'Europe et dans les îles de l'Archipel que *Salamine*, les *Thermopyles* ou *Marathon*, et dans les habitans que des *Miltiade*, des *Léonidas* et des *Thémistocle*. Les Grecs ont subi depuis les lois de plusieurs vainqueurs, et ont passé successivement sous la domination romaine, sous celle des croisés, et enfin sous celle des Turcs, comme les Gaulois sous la domination des Romains et des Francs, et comme l'Espagne sous la domination des Romains et des Visigoths. Le temps efface tout et légalise tout ; les Grecs sont donc les sujets de la Turquie, et lorsqu'on parle politiquement d'eux, il ne doit pas plus être question de ce qu'ils furent il y a deux ou trois mille ans, qu'en parlant de la France sous le même rapport, il ne doit être question de ce qu'elle fut sous *Bellovèse*, *Brennus*, ou *Vercingetorix*. Il n'est permis qu'aux poètes d'envisager les Grecs sous ce point de vue ; la politique voit les objets sous

---

(1) Exposition, chap. 1, pag. 1.

leurs rapports positifs, tels qu'ils sont, et non pas tels qu'ils furent autrefois. *Petit-Jean* dans son exorde prenait son texte d'avant la naissance du monde et la création pour en venir à un chapon volé; M. de Pradt prend le sien à la vérité d'une époque un peu plus rapprochée, mais qui est aussi étrangère à la question que le chaos de *Petit-Jean.*

Laissant donc de côté toutes ces déclamations, il faut en revenir à la question; nous sommes étonnés que M. de Pradt s'en soit écarté à ce point. On pourrait croire en lisant son exposition qu'il a voulu faire une complainte touchante et dans le goût de Jérémie, sur les malheurs de la Grèce; dans ce cas, on a beau jeu d'avoir vécu à deux mille ans de distance de M. de Pradt, car nous ne pensons pas que les malheurs récens de ses concitoyens aient jamais arraché une larme à son impassibilité.

Si l'on voulait le chicaner sur la réalité des services qu'il prétend que la Grèce a rendus à l'Europe, on lui dirait que la Grèce ne dut ses lois et sa civilisation qu'à l'*Égypte*, et que c'est aux Égyptiens qu'il faut remonter pour rendre à chacun ce qui lui est dû. C'est des Égyptiens que le *monde* d'alors (qui, soit dit en passant, ne se composait que des nations habitant le littoral de la Méditerranée et de la Mer Noire) s'entretenait; c'est chez eux qu'*Hé-*

rodote alla s'instruire de l'ancienne histoire *du monde*; c'est d'eux que les Grecs empruntèrent leur religion si poétique et leurs mystères ; c'est d'eux qu'ils prirent le goût des arts , qu'ils perfectionnèrent à la vérité sous quelques rapports imitatifs , mais dont ils n'exécutèrent jamais les monumens dans des formes aussi majestueuses , et dans des proportions aussi colossales. Les républiques grecques se bornèrent à guerroyer dans le petit pays qu'elles habitaient ; elles chassèrent de leur territoire les forces du *grand roi ;* mais la disposition des lieux , la difficulté d'y déployer de la cavalerie , et d'y faire subsister des troupes innombrables , servirent les Grecs au moins autant que leur valeur. Ce fut un roi qui vengea la Grèce ; mais ce roi était le plus cruel ennemi de sa liberté. Il conquit l'Asie ; mais s'il dut beaucoup à sa valeur, il dut encore plus à la lâcheté de ses ennemis. Si l'histoire de l'Asie nous était aussi connue que celle de la Grèce , nous rabattrions sans doute beaucoup de notre estime pour les exploits d'un conquérant qui n'a été célébré que par les Grecs qu'il avait vengés , et dont il avait étendu la puissance. Mais l'histoire même de ce roi prouve qu'il ne faut pas faire honneur aux républicains grecs de tout ce qu'il y a de grand dans leur histoire. *La puissance du grand roi* a bien déchu à nos yeux depuis que nous savons par expérience qu'une poignée d'hommes disciplinés et courageux peut venir à bout d'une nombreuse soldatesque efféminée, indisciplinée et barbare. Les Suisses remportant une victoire signalée sur le duc de Bourgogne sont plus grands à nos yeux que les Grecs remportant une victoire sur *Mardonius*. L'histoire ne nous dit-elle pas que douze cents hommes commandés par *Montfort*, défirent dans les plaines de Muret cent mille hommes à la tête desquels était le roi d'Aragon? et les plaines de Muret, vastes et ouvertes de tous les côtés, ne ressemblent pas au pays dans lequel s'engagèrent imprudemment les Perses avec une nombreuse cavalerie. Cependant cet exploit de douze cents hommes est à peine cité; on est même tenté de le révoquer en doute, quoiqu'il ait été raconté par des historiens de partis opposés; et l'on croit aveuglément *Thucydide* qui était Grec, ennemi des Perses, et les autres historiens du même pays.

En rendant à l'ancienne Grèce le tribut d'éloges qui lui est dû, il faut donc se garder de lui trop accorder. La Grèce ne fit rien pour le monde, elle travailla pour elle seule; il a fallu la conquérir pour pouvoir exploiter cette mine de connaissances. Aux yeux des Grecs, tous les peuples, excepté le petit peuple grec, étaient barbares; devons-nous payer le mépris qu'ils

eurent pour nos ancêtres par une admiration
trop outrée ? Ce mépris lui-même était un trait
de barbarie ; car ils méprisèrent les Romains
jusqu'au moment où les Romains les réunirent
à leur empire avec une facilité qui n'est guère
honorable pour la Grèce. Pyrrhus, dont la valeur égalait celle d'Alexandre , et qui se mesura
contre des ennemis d'une tout autre importance
que ce conquérant, Pyrrhus même ne battit les
Romains qu'à l'aide de ses colosses asiatiques.
Les Gaulois *Tectosages*, commandés par le second
Brennus, pénétrèrent jusqu'au centre de la Grèce
et la firent trembler. Ils devinrent les plus puis-
sans auxiliaires des capitaines d'Alexandre , et
fondèrent des colonies dans l'Asie mineure. Ils
s'étaient rendus tellement redoutables à la
Grèce , que lorsqu'ils essayèrent de piller le
temple de Delphes , les Grecs supposèrent l'in-
tervention de leurs dieux pour expliquer leurs
revers dans cette entreprise. Qu'aurait dit *Vercingetorix*, s'il avait pu prévoir qu'un Auver-
gnat proposerait un jour à ses concitoyens d'en-
tourer de respect les descendans d'un peuple
vaincu avec la plus grande facilité par les Romains dont il avait lui-même si souvent et si
heureusement bravé la puissance.

(1) Les extases de M. de Pradt devant le mot

---

(1) Causes de la révolution de la Grèce, chap. 11 , pag. 36.

révolution semblent plutôt ironiques que de bonne foi. M. de Pradt est trop l'ami de son repos, de ses aises et de la bonne chère pour s'extasier sur ce qui peut troubler son heureuse existence ; et , comme nous l'avons déjà dit , c'est de loin qu'il aime à juger des coups.

La révolution de la Grèce est tellement dans la nature des choses que l'on n'a pas un grand mérite d'en indiquer la cause. Le peuple opprimé ou seulement dominé cherche toujours à se soustraire à l'oppression et à la domination. Les nègres de Saint-Domingue assassinèrent les blancs parce qu'ils se sentirent soutenus par l'assemblée nationale de la métropole. Les Grecs , qui professent la même religion que les Russes, s'insurgent aujourd'hui, parce que voyant la puissance colossale de la Russie, (qui s'est augmentée si considérablement depuis l'imprudente et désastreuse expédition des Français à Moscou), ils espèrent que cette puissance protégera leur insurrection. Les projets d'*Ypsilanti*, qui ont été formés sur la frontière des empires russes et turcs, ne peuvent guère en effet avoir été ignorés de la Russie : c'est dans les provinces limitrophes que l'insurrection a été organisée, et c'est de là qu'elle a gagné avec

la rapidité de la foudre les extrémités de la
presqu'île et les îles. Elle a trouvé les Grecs
tous préparés parce qu'ils n'ont jamais cessé
de l'être depuis la conquête, et que, vaincus
et asservis, ils devaient aspirer au moment
de secouer leurs chaînes. Mais, ni l'augmentation de la population grecque, ni la dimi-
nution de la population turque, ni la civilisation croissante des Grecs, faits controu-
vés imaginés par M. de Pradt, et qu'il dit
être le principe de la révolution grecque,
ne le sont réellement. Les Grecs, par suite
de leur dépendance, sont moins civilisés aujour-
d'hui que lors de la conquête, et cette dépendance n'est guère favorable à la population.
Les Grecs de l'Archipel sont, d'après les
rapports des voyageurs, les hommes les plus
fins, les plus rusés et les plus entreprenans,
les plus avides qu'il y ait : aucun navi-
gateur fréquentant les mers de la Grèce,
n'abordait sans crainte cette Morée dont on
nous fait aujourd'hui un si grand éloge. Les
Mainotes ont été connus de tous les temps
pour des hommes capables de tout : les observateurs profonds n'ont vu dans les Grecs
d'aujourd'hui qu'un peuple faux, intéressé,
avili, ne possédant aucune de ces grandes
qualités dont on est si libéral à son égard.
Où en serions-nous si nous voulions accorder

aux nations modernes les héritages de gloire de leurs ancêtres dont l'existence se perd dans la nuit des temps? Pour que cet héritage pût encore leur appartenir, il ne faudrait pas qu'il eût été aliéné pendant une suite de siècles. Alexandre fut le dernier des Grecs illustres; après lui il n'y a plus de Grèce; ce n'est plus qu'un pays disputé comme une proie par les successeurs de ce conquérant, et qui finit par disparaître comme une illusion devant le colosse de la puissance romaine, auquel il n'oppose aucune résistance. Les Grecs ne surent que temporiser, traiter et capituler avec les Romains; à peine soutinrent-ils la vue de leurs aigles. N'osant combattre ensuite les croisés, ils leur tendirent des piéges et les trahirent : leur avilissement s'accrut sous une suite d'empereurs corrompus, jusqu'à ce qu'enfin Mahomet II profitant des dissensions intérieures de ce faible empire, vint à son tour conquérir la Grèce et l'accabler du poids d'une nouvelle tyrannie, qui tenait le milieu entre l'esclavage proprement dit et la condition ordinaire où les nations civilisées réduisent les peuples conquis. Il leur donna ses lois, leur laissa leur religion, en se réservant la nomination de leur patriarche et l'obligeant de rester à Constantinople comme une sorte d'otage du peuple conquis.

Voilà l'histoire de cette Grèce tant vantée ; voilà ce peuple auquel on présage aujourd'hui de si hautes destinées, et que l'on voudrait opposer, en le réunissant en un seul corps de nation, à l'augmentation de la puissance russe du côté de la Méditerranée.

Le joug imposé par Mahomet révolta les Grecs ; mais, quoique bien supérieurs en nombre à leurs conquérans, ils étaient trop avilis pour essayer de le secouer : ils n'ont cependant jamais cessé d'espérer qu'ils y parviendraient un jour. Venise fit des efforts impuissans pour reconquérir ce que les Turcs lui avaient pris ; les Grecs furent impassibles dans cette lutte, elle ne leur offrait aucune chance de succès. L'expédition manquée du comte *Orloff* en Morée fit naître et vit bientôt s'évanouir de grandes espérances ; elles se renouvelèrent sous Bonaparte.

Lors de l'expédition d'Égypte, il envoya en Morée quelques brouillons (1) pour y sonder les esprits et donner aux Grecs quelques espérances ; mais elles s'évanouirent par les revers éprouvés en Égypte. Les Grecs ont toujours flotté ainsi, depuis la conquête, entre l'espérance et la crainte. Ces espérances ne pouvaient naître que de circonstances favorables ; mais le

____

(1) **Voyage de Dimo et de Stephanopoli.**

désir de l'affanchissement, et la haine de la tyrannie étaient dans leur âme, et voilà le vrai
principe de leur révolution, et non, comme le
prétend M. de Pradt, l'augmentation progres-
sive de leur population et leur civilisation.

M. de Pradt, en comparant les Grecs, les Ir-
landais et autres peuples asservis, avec les Américains anglais et espagnols, confond deux
choses bien différentes, les conquêtes et les colonies. Dans les colonies continentales et sans
borne, la population d'abord très-faible peut
s'accroître dans une progression énorme, et de-
venir tellement disproportionnée avec les forces
que peut employer la métropole pour les re-
tenir sous sa loi, que le moindre effort peut les
y soustraire. Le principe de l'affranchissement
est alors dans la population et dans la civilisation, et c'est le cas où s'est trouvée l'Amérique
anglaise lorsqu'à la fin du dernier siècle elle
s'affranchit des lois de la métropole. L'Amérique espagnole, en l'imitant aujourd'hui, a agi par
la même raison; c'est le sentiment de ses pro-
pres forces toujours croissantes depuis l'établissement qui lui a fait naître l'idée de l'indépendance : mais la Grèce à l'égard des Turcs, mais
l'Inde à l'égard des Anglais, sont dans des po-
sitions bien différentes que les Américains. Ce
sont des vaincus que l'on tient à la chaîne et
qui exploitent pour le compte du vainqueur

leur propre pays, le pays de leur origine, le pays dont ou leur a arraché de vive force la propriété. La population des vaincus n'augmente pas dans ce cas, leur état reste le même, ils attendent des circonstances favorables pour s'affranchir. Ces circonstances se présentant, la population est un grand moyen de réussir dans leur entreprise; mais elle n'en est pas le principe. Telle est exactement la position des Grecs à l'égard des Turcs. Le principe de leur révolution, c'est la haine du joug et le désir de l'affranchissement; son moteur, l'espoir d'être puissamment soutenus par les Russes; ses moyens, les armes de la Russie et leur propre population.

M. de Pradt parle de la civilisation comme un des principes du mouvement des Grecs; ce second principe est aussi inadmissible que le premier, car il nous est impossible de concevoir comment la civilisation que l'on suppose aux Grecs, et qui ne peut être qu'étrangère à toute espèce de tactique militaire, puisqu'ils n'ont jamais pu avoir d'armée, pourrait leur être utile contre les Turcs. Leur courage peut y suppléer, et nous ne doutons pas qu'il ne leur fasse obtenir de brillans succès; mais le courage et l'amour de la liberté n'ont rien de commun avec la civilisation; l'un et l'autre sentiment sont dans la nature, ils peuvent même s'affaiblir dans le

perfectionnement de l'état social, où la discipline supplée à l'enthousiasme et souvent même
au courage.

C'est cette discipline inconnue aux Ottomans
et perfectionnée chez les Russes qui doit changer
le sort des Grecs. S'il ne s'agissait que d'enthousiasme et de courage, la Russie succomberait
peut-être dans la lutte. M. de Pradt, qui fait si
peu de cas des Turcs, semble n'avoir pas connu
tout ce que les successeurs de Mahomet ont fait
de grand et d'illustre. Leur histoire ne le cède
en beauté à aucune de celles des nations les
plus célèbres. Les Turcs ont leurs mœurs
comme nous avons les nôtres ; ils ne réclament
pas contre le despotisme de leur gouvernement,
car ce despotisme est fondé sur leur religion, et
leur empereur en est l'observateur fidèle comme
le dernier de ses sujets. Lorsqu'ils s'y soumet-
tent avec plaisir, avec enthousiasme même,
comment réclamerions-nous pour les en affranchir? Dans ce pays, si barbare à nos yeux, on
marche librement et sans contrainte à la dé-
fense de sa religion et de sa patrie ; on ne force
pas le musulman à se faire soldat, on ne le
charge pas de chaînes, et on ne lui fait pas subir des peines humiliantes quand il juge à pro-
pos de ne plus l'être ; on ne l'emprisonne pas
pour la moindre faute de discipline, et on ne le
condamne pas à mort lorsqu'il repousse par

l'injure ou par la force l'injure ou le mauyais traitement de son supérieur. Le Turc n'apprend à la vérité ni le grec ni le latin ; mais qu'importe ? il sait être honnête homme, fidèle à ses engagemens, exact et sûr dans ses relations commerciales ; il est hospitalier , même pour les ennemis de sa religion, et pour les animaux qu'il méprise : la Turquie est le pays où l'homme se respecte le plus lui-même.

Si la justice, toujours expéditive et dégagée des formes innombrables dont elle est accompagnée dans les pays les plus civilisés, condamne un musulman à subir une peine, il la subit sans murmurer et avec ce sang-froid qui fait que l'homme n'est jamais humilié, quelque chose qui lui arrive. Le Turc ne marchande pas sa vie, il la conserve avec plaisir, il la perd sans regret. Nous le demandons, est-ce là une nation méprisable , et mérite-t-elle les outrages que M. de Pradt lui prodigue dans ses écrits ? Que nous importe qu'il n'y ait pas d'industrie chez les Turcs? Ils achetaient nos draps, c'était un débouché certain pour nos manufactures du midi : supposons les habitans de Constantinople et de Smyrne aussi civilisés , aussi industrieux que ceux de Liverpool ou de Manchester ; que leur fournirons-nous dans ce cas? leurs ports seraient fermés à notre industrie comme ceux de l'Angleterre.

Rien n'est plus ridicule que de voir un prélat français n'ayant aucune des vertus de son état, déverser le mépris sur un peuple illustre, parce qu'il n'a pas le même costume qu'un Parisien; parce qu'il n'a ni opéra français, ni bouffons italiens; parce qu'un monde d'ouvriers n'est pas sans cesse occupé chez lui à inventer des futilités inutiles qui ne font que grossir le nombre de nos besoins; parce qu'il ne fait pas des vers dans une langue que l'on ne parle plus depuis deux mille ans; parce que vingt ou trente mille écoliers n'y étudient pas tous les ans l'art de séduire les juges, de sauver les grands coupables et de ruiner la veuve et l'orphelin; car si l'éloquence et l'interprétation des lois ont souvent protégé les intérêts sociaux et particuliers, leur abus sert plus souvent encore à les faire méconnaître; et nous croyons, toute compensation d'avantages et d'inconvéniens faite, que la société ne perdrait pas grand'chose à adopter la justice du cadi, ou du moins celle qu'essaya d'établir le grand Frédéric dans ses états.

Mais ce serait en vain que nous chercherions à corriger les Français de leur prévention contre tout ce qui n'est pas français : on les verra toujours s'étonner lorsqu'un habitant des pays éloignés semblera ne s'étonner de rien au milieu de toutes leurs futilités. A cet égard ils sont bien plus sauvages que les sauvages proprement dits. Lorsqu'un Turc de distinction vient à Paris, en général il se fait remarquer par la noblesse de ses manières, par son bon sens, par un tact sûr et délicat que la nature nous donne et que la civilisation gâte le plus souvent en l'exerçant sur des objets sans utilité, car elle nous apprend à contrarier en tout la nature et à n'exister que hors de son domaine.

Une remarque que l'on peut faire en étudiant les hommes, c'est que la civilisation leur donne sur toute espèce d'objets des idées fausses et subordonnées à des fantaisies; et que l'homme de la nature, au contraire, en a de vraies qui ne sont subordonnées qu'à ses besoins réels. Les plus habiles observateurs ont reconnu cette vérité, mais ils ont reconnu en même temps qu'il était de toute impossibilité de la faire comprendre aux hommes aussi légers et aussi infatués de leurs mœurs et de leurs habitudes sociales que M. de Pradt. Il leur est plus facile en effet de déclamer contre une nation que de l'étudier : en traitant les Turcs de barbares, on a pour soi tous les hommes superficiels et toutes les femmes; aussi ne prétendons-nous pas l'emporter ici sur M. de Pradt; nous voulons simplement opposer nos idées aux siennes, peut-être se trouveront-elles d'accord avec celles du petit nombre d'hommes qui ont calculé les avantages , les inconvéniens et le but de la civilisation.

(1) Nous pensons aussi que M. de Pradt se trompe lorsqu'il prend le principe de la révolution grecque pour sa date ; son principe, comme nous l'avons déjà observé, existe depuis la conquête et en est nécessairement dérivé , mais sa date n'est pas plus ancienne que le commencement des hostilités par les Grecs. Nous avons dit que le principe de la révolution a resté caché dans le cœur des Grecs depuis la conquête, et qu'ils n'attendaient que le moment de pouvoir l'appliquer ; ils ont cru ce moment venu, et ils ont levé l'étendard de l'indépendance. La révolution, comme nous l'avons observé aussi , a pris naissance sur la frontière russe ; il est probable que la Russie n'est pas étrangère à son mouvement ; nous pensons qu'elle le favorise par-dessous main, et qu'elle a donné aux Grecs des avis secrets , mais positifs de ses intentions. L'autocrate russe peut même être entièrement étranger à cette intrigue ; ceux qui l'ont formée suivent le plan de Catherine et croient servir leur patrie en le suivant ; ils comptent sur la neutralité de la France, sur l'état de l'I-

---

(1) Date véritable de la révolution de la Grèce , Chapitre III , page 29.

talie qui y nécessite la présence d'une armée autrichienne. Le moment ne pouvait être plus favorable, aussi a-t-il été saisi.

Cette date de la révolution grecque est moins vague que celle indiquée par M. de Pradt. Il a eu recours aux poëtes pour appuyer la sienne; mais nous le lui répétons encore, les poëtes sont étrangers à la question : on n'a jamais fait des révolutions avec de la poésie ; et la prévoyance, non plus que les calculs politiques, n'ont jamais passé pour faire partie de son apanage. Lorsque l'Orient nous sera fermé, et que la puisssance terrestre de la Russie et la puissance maritime de l'Angleterre y seront bien établies, nous déplorerons cette manie funeste qui nous a gagnés depuis quelque temps, et qui nous fait nous occuper du bonheur des autres en négligeant d'établir le nôtre sur des bases solides. Voltaire, que cite M. de Pradt, aurait pensé comme nous à cet égard; il savait bien que ses vers ne feraient pas autorité, et sa prose démentait souvent ses rêveries poétiques. On a beau jeu dans une académie ou dans son appartement de former des vœux pour la liberté du monde. Le monde libre est un monde sauvage; Voltaire le savait comme nous : nous ne connaissons de véritable et d'incontestable liberté que chez les peuples sauvages et nomades qui vivent dans toute la simplicité de la nature, car ceux-là jouissent sans restriction de la terre et de l'air ; mais toute loi suppose un asservissement : il ne s'agit que de savoir quel est l'asservissement le plus supportable, de celui de quelques forcenés avides qui ne parlent de liberté que pour pouvoir enchaîner et exploiter à leur profit une nation assez aveugle pour les croire sur parole ; de celui d'un conquérant qui ravage le monde, et qui, nouveau Cambyse, finit comme lui par ensevelir imprudemment son armée sous les neiges du désert, ou bien enfin, de celui d'un prince qui gouverne d'après des lois qu'il a lui-même données, et où il borne librement sa puissance pour pouvoir faire jouir chacun de ses sujets de la plus grande part de liberté possible, sans compromettre le bonheur de la société.

(1) Les Grecs sont, il est vrai, dans une catégorie particulière ; mais où les mènera leur insurrection ? Elle leur a coûté déjà bien du sang ; elle leur coûte leur repos, leur tranquillité. Que la Russie vienne ou non à leur secours, la presque totalité de la population grecque sera détruite ; la presqu'île et les îles résisteront encore, mais finiront par succomber si elles ne sont pas secourues. Dans le cas où la Russie

---

(1) A quoi servirait-il d'arrêter la révolution actuelle de la Grèce ? Chapitre IV, page 38.

prendra le fait et cause de la Grèce pour son intérêt, les Turcs, en se repliant vers l'Asie, ne laisseront pas pierre sur pierre dans l'Europe. Ils entraîneront avec eux cette malheureuse population destinée à supporter tous les maux de l'esclavage. La presqu'île et les îles se sauveront seules dans cette grande calamité. M. de Pradt conviendra avec nous que c'est acheter bien cher l'avantage de vivre sous la domination russe, et de léguer un bonheur incertain à la postérité de ceux qui survivront à la destruction.

Mais le mal est fait, il est irréparable, et pour me servir de l'expression énergique de M. de Pradt, la Grèce, comme l'Italie, n'est malheureusement pas *un pays manqué*. Sa révolution ne peut s'arrêter, et il faut qu'elle subisse le sort que la guerre qu'elle a provoquée lui prépare. Toutes les chances probables sont désolantes pour les Grecs, et bien pénibles à prévoir pour les amis de l'humanité. La Grèce ne sera pas libre, la Russie et l'Angleterre se la diviseront, et la plus grande partie de ses habitans sera exterminée ou esclave. Ce dernier malheur ne peut guère être évité, quoi qu'en dise M. de Pradt, qui a la sécurité (ridicule, si elle n'était pas calculée) d'assurer que, dans l'état actuel de la civilisation un crime de cette espèce n'est plus possible. Nous désirerions bien pouvoir penser à cet égard comme il a l'air de le faire ; mais nous ne pouvons nous empêcher de considérer tout ce qu'il dit sur cet objet comme un aveuglement qu'il feint tout exprès, pour n'être pas obligé de s'arrêter dans ses calculs, par des considérations d'humanité.

M. de Pradt est Français, il a près ou plus de soixante ans, la révolution s'est passée sous ses yeux, il en a été acteur à l'assemblée constituante ; il est très-certain qu'il n'a pas perdu la mémoire. Comment donc ose-t-il assurer aux Français que l'état de la civilisation européenne ne permet plus qu'il se commette de grands crimes politiques ? De quelle époque date-t-il donc cette civilisation ? Faut-il lui rappeler que le peuple le plus civilisé du monde s'est souillé du massacre des prisons de Paris, de celles d'Orléans, de celles d'Avignon ; que ce peuple a souffert pendant plus de deux ans que des échafauds fussent dressés dans toutes les places publiques, et qu'il fût immolé chaque jour des milliers de victimes innocentes ? Faut-il lui rappeler les noyades de Nantes, les horribles fureurs des proconsuls appelés représentans du peuple, dans tous les départemens de sa malheureuse patrie ? Et il ose dire après cela que la civilisation est assez avancée en Europe pour qu'on ne doive plus craindre de pareilles horreurs ! Qu'il lise les papiers publics les plus récens ; ils lui apprendront les malheurs des Grecs à Constantinople , à Smyrne et dans tout l'Orient ; et qu'il se repente d'avoir cherché à donner aux Grecs une sécurité fatale qui peut-être fera la perte de mille familles.

Mais M. de Pradt a si peu réfléchi son écrit, qu'après avoir cherché à rassurer les amis de l'humanité sur des crimes qui ne peuvent plus se commettre, il se plaint de ce que les scènes de désolation et de carnage ont eu lieu sur toute la surface de la Turquie, à la face de l'Europe, sans qu'aucune puissance s'y soit opposée d'une manière positive. On doit conclure de cette contradiction, que M. de Pradt ne sait ce qu'il dit, ou bien qu'il fait coïncider la civilisation dont il parle avec la date de son écrit ; et cet excès d'amour-propre ne nous surprendrait pas de sa part.

Nous pensons à cet égard si différemment de lui, que nous ne doutons pas que si on laissait marcher certaines gens librement, le système de la terreur ne fût organisé en France en 1822 comme il le fut en 1793 ; et que l'on ne trouvât une foule d'acteurs assez atroces pour jouer les rôles de Robespierre, de Carrier, de Lebon, dans ces nouvelles saturnales révolutionnaires. Nous ne faisons que partager à cet égard l'opinion d'une foule de gens de bon sens, qui observent le cours des événemens , et qui ont deviné juste à toutes les époques marquantes de notre sanglante révolution. Nous donnons cet avis à M. de Pradt qui, n'étant certainement pas homme à jouer un rôle actif dans un nouvel acte révolutionnaire, verrait dans ce cas sa sûreté compromise, serait obligé de se cacher et de ne vivre, Dieu sait combien de temps, que de la mince pitance d'un reclus.

(1) Mais aux assertions consolantes pour l'humanité, si elles n'étaient pas décevantes, viennent se joindre les regrets de l'auteur sur la disproportion des états de l'Europe. Le congrès de Vienne lui revient alors à la mémoire. Il signale les fautes qui y furent commises, et nous devons convenir qu'il a souvent raison dans les reproches qu'il fait aux augustes souverains qui y furent assemblés; mais lorsqu'il regrette que la Saxe n'y ait pas été rayée du nombre des puissances parce qu'elle était trop petite, lorsqu'il se plaint qu'on ait rétabli dans leur petite souveraineté des princes qui en avaient été chassés de vive force, il nous paraît bien peu connaître le droit de propriété. Autant ses réclamations en faveur de Venise et de Gênes sont raisonnables et justes, autant celles qui tendent à dépouiller des princes faibles, nous paraissent injustes et déplacées. Si les législa-

---

(1) État de l'Europe, Chapitre **V**, page 43.

teurs des nations raisonnaient aussi arbitraire-
ment que M. de Pradt, les petits propriétaires
seraient sacrifiés aux grands, et l'on diviserait
un royaume comme un échiquier, afin de ter-
miner les procès au moyen d'une toise et d'un
compas. Rien n'est plus curieux que la manière
dont M. de Pradt raisonne pour soutenir son
singulier système de fusion des petits états dans
les grands. Il voudrait qu'aucun état ne fût
neutre dans la guerre de deux états. Il s'indigne
de ce que plus de quarante millions d'habitans
en Europe restent spectateurs inutiles des
grandes luttes. Ce n'est pas précisément le système de l'abbé de Saint-Pierre, mais l'auteur
le donne comme devant avoir les mêmes résultats. Une juridiction européenne serait organisée en conseil de famille ; ce serait les *frères
Moraves* en grand. Dans son hypothèse, tout le
monde serait tenu de venir au secours de l'opprimé, et de courir sus à l'oppresseur. Après
ce beau dire de M. de Pradt, l'accusera-t-on
encore de n'avoir pas une très-grosse dose de
philanthropie ? Ce chapitre est curieux à lire, et
nous invitons nos lecteurs à bien méditer le
système d'équilibre qui y est développé. Il propose d'un côté de dépouiller les petits souverains qui sont très-embarrassans, et de l'autre
il veut que tout le monde coure sus à l'envahis-
seur. Ici, comme dans tout ce qu'écrit l'auteur,

il est toujours en contradiction avec lui-même.

Le premier pas pour arriver à l'ordre et à la stabilité est la justice, et nous sommes si loin de penser qu'on doive dans aucun cas dépouiller des petits souverains, que l'illégalité d'une conquête aussi déshonorante que celle du comtat Venaissin, faite sur un prince respectable, mais faible, incapable par sa position de la défendre, et exécutée, non par des armées, mais par des assassins, aurait du être reconnue par tous les souverains de l'Europe, et qu'ils auraient dû fixer un dédommagement convenable en faveur du saint père.

La France elle-même, qui demandait toute justice pour elle, aurait dû être juste à l'égard du pape. Mais c'est ici surtout que l'on voit dans tout son jour la partialité des forts envers les faibles : le comtat Venaissin, pris contre toute loyauté par un moyen atroce à un prince faible et respectable, n'a pas même été mentionné dans les traités. Ce vol déshonorant, en ce qu'il n'a même pas été couvert par une expédition militaire, a été consacré par le silence du congrès, et l'on n'entend que des plaintes sur la partialité dont on en use envers la France, et sur sa prétendue nullité politique. Ce sont ceux mêmes qui mettent tous les esprits de l'Europe en mouvement pour leurs doctrines subversives de la tranquillité des peuples et de la dis-

cipline des armées qui font retentir la tribune
de ces plaintes. M. de Pradt a touché légère-
ment ce point si délicat, et sur lequel il est
difficile de pouvoir exprimer toute sa pensée.
Nous dirons cependant que, se plaindre d'une
part, de la méfiance excessive qui existe contre
la France, et énoncer en même temps des doctrines qui peuvent ébranler les trônes et compromettre la sûreté des peuples, c'est commettre une grande inconséquence ; c'est exiger que
l'on se départe d'un principe de sûreté publique sans vouloir donner aucune garantie pour
cette sûreté. Si nous ne sommes pas ce que
nous devrions être dans l'ordre politique, c'est
à la tribune et non au gouvernement qu'il faut
s'en prendre. Lorsque nous effrayons les souverains par nos déclamations virulentes contre
les principes constitutifs des monarchies, il est
tout simple, il est même nécessaire que les
souverains auxquels le bonheur des peuples
est confié se tiennent sur la défensive contre
nous. Lorsque nous cherchons à insurger notre
propre armée en accusant le gouvernement de
négliger l'avancement des soldats ; quelque injustes que soient ces plaintes contre le gouvernement le plus juste, le plus modéré, le plus
paternel de l'Europe, il est tout simple qu'il
agisse avec la plus grande circonspection
avant d'employer les forces de cette armée ;

il doit s'assurer par une grande expérience
de sa fidélité et de sa discipline, il doit la
préserver de tous les piéges qu'on lui tend.
Et l'on a poussé les choses à tel point cette an-
née, que ce dernier soin doit occuper presque
entièrement le ministre zélé et fidèle qui l'ad-
ministre.

Que ces mêmes hommes qui ont proféré des
paroles de discorde et qui n'ont pas craint de
calomnier le ministère en l'accusant d'avoir
violé la loi de l'avancement militaire, appuient
franchement le gouvernement dans la prochaine session, et ils verront bientôt la France
reprendre cette attitude imposante qu'ils se
plaignent sans cesse de ne plus lui voir. Notre
union seule peut la lui rendre; mais accuser
le gouvernement de ne rien faire pour la lui
rendre, et lui ôter en même temps par des
déclamations factieuses les moyens d'y parvenir
c'est le comble de la mauvaise foi; c'est ainsi
qu'on jette le découragement dans l'âme des
hommes les plus zélés pour le bien public;
c'est ainsi qu'on rend inutiles toutes les me-
sures de sagesse et de prévoyance; c'est ainsi
qu'on perd les empires. M. de Pradt nous a
semblé vouloir faire entendre tout ce que nous
exprimons ici clairement. La franchise *dont
il prétend faire profession* semblait lui pre-
scrire de s'exprimer plus clairement, et de

repousser tous ces mots couverts, toutes ces ambiguïtés d'expressions qui laissent à chaque lecteur la possibilité d'interpréter la pensée de l'auteur selon sa propre façon de penser.

Du reste, tout ce chapitre sur l'équilibre de l'Europe n'est que pure utopie; il suffit d'une mauvaise tête, d'un ambitieux, d'un conquérant, pour déranger tous ces systèmes d'équilibre. Le publiciste qui promet le plus à cet égard est ordinairement celui qui tient le moins; il ressemble à ce médecin qui veut vous rendre immortel avec son remède. Quoi que fassent les hommes, quoi qu'ils imaginent, ils ne peuvent rien faire que de précaire et d'incertain; les passions travaillent sans cesse à détruire l'œuvre de la sagesse. En agissant avec équité, on n'a du moins rien à se reprocher. Les systèmes de spoliations, quelques petites qu'elles soient, outre le peu de solidité qui leur est commun avec tous les ouvrages des hommes, sont encore entachés d'injustice, ce qui leur donne un double caractère d'imperfection.

(1) On peut mettre sur la même ligne de l'équilibre de l'Europe le vœu que forme M. de

---

(1) Utilité relative de la Turquie et de la Grèce pour l'Europe, Chapitre VII, page 61.

Pradt qu'il n'y ait dans cette partie du monde que des peuples à peu près également civilisés, et en rapport de législation et d'industrie. Si un peuple barbare, audacieux, entreprenant, s'y trouvant compris, menaçait de la troubler par ses entreprises, sans doute qu'il faudrait faire des efforts ou pour l'en expulser s'il était possible, ou pour paralyser ses projets hostiles. Mais signaler comme dangereuse une nation uniquement parce qu'elle n'a pas nos mœurs, notre religion, nos coutumes, en convenant que cette nation ne s'occupe en aucune manière des querelles de l'Europe, qu'elle est absolument étrangère à tous les grands mouvemens politiques qui l'agitent; qu'elle est calme, paisible, de bonne foi; que toute son existence est comprise dans sa religion, exclusive à la vérité, et qui la porte à s'isoler de tous les intérêts qui lui sont étrangers, mais sans les inquiéter, sans leur nuire; et après avoir ainsi fait l'énumération de toutes ces garanties si rassurantes, proposer de faire disparaître cette nation de l'Europe, c'est faire le vœu le plus extraordinaire et le plus déraisonnable, et il faut être bien possédé de la fureur de révolutionner le monde pour l'émettre. Telle est pourtant encore l'inconséquence de M. de Pradt; il peint la puissance ottomane comme une puissance inerte en politique comme en industrie ; et quoique cette inertie assure aux puissances de l'Europe une paix solide dans la Méditerranée, il désire que la Grèce, érigée en puissance, ait l'empire de cette mer. Il vante la civilisation des Grecs (qui est une chimère), leur activité, leur esprit ; mais il ne parle ni de leur ambition, ni de leur esprit de piraterie, ni de leur fausseté, ni de leur peu de sûreté dans leurs relations commerciales, qualités qu'il ne peut ignorer leur appartenir, et qui doivent faire prévoir ce que serait la Méditerranée sous leur domination. M. de Pradt ne se contente pas de former ce vœu, il désire encore que la Grèce soit florissante et manufacturière. Il ne se contente pas d'avoir vu réaliser les vœux qu'il a faits pour la séparation de l'Espagne d'avec ses colonies, et, par suite, de la cessation de tous nos avantages commerciaux avec cette puissance ; il désire encore que la Méditerranée nous soit fermée, car il sait bien que la Grèce devenue puissance manufacturière et commerçante, nous aurait bientôt privés de toutes les ressources que nous trouvons dans le Levant pour alimenter nos manufactures, et des faibles débouchés que nous y conservons encore pour quelques-uns de nos produits.

Je n'engagerai pas M. de Pradt à observer la conduite des Anglais, qui suppose un désir tout opposé au sien , car je ne doute pas qu'il ne se croie plus oculé sur cette matière que le gouvernement anglais; mais je l'engage à consulter à cet égard les négocians du midi, pour rectifier son opinion sur la leur.

(1) Les considérations prises de la puissance colossale de la Russie que la conquête de la Grèce augmenterait encore considérablement, pour en venir à prouver, la nécessité de faire de ce pays un état indépendant, sont puissantes, et ne ressemblent en rien aux rêveries précédentes. Le chapitre où elles sont traitées est plein d'intérêt, et fourmille de vérités qui sautent aux yeux. Nous reprocherons pourtant à l'auteur d'avoir trop exagéré la puissance de la Russie. Cet empire, qui a d'immenses frontières à garder, ne peut se passer d'une très-nombreuse armée. Mais toute cette armée n'est pas disponible pour faire la guerre; une ligue entre l'Angleterre, l'Autriche et la Turquie, si elle était habilement dirigée, serait suffisante pour arrêter ses progrès. La marine anglaise serait d'une ressource incalculable dans cette guerre, et suffirait seule pour soustraire la presqu'île et les îles à l'envahissement; tandis que l'Autriche et la Turquie opposeraient à la Russie sur

---

(1) Vrai système politique de la Grèce par rapport à la Russie , Chapitre VIII , page 70.

le continent une résistance formidable. A l'appui de cela, on peut ajouter que la Russie manque d'argent, et qu'il lui en faudrait immensément pour faire mouvoir quatre cents mille hommes qui lui seraient indispensables dans cette guerre. L'Autriche, au contraire, aurait une ressource assurée dans l'Angleterre, et pourrait seule opposer trois cent mille hommes à la Russie.

On nous opposera sans doute que la Russie, agissant dans l'intérêt des Grecs, puisque dépendant d'elle leur sort serait bien plus tolérable qu'en dépendant des Turcs, aurait toute la Grèce pour elle, et qu'avec ce puissant auxiliaire elle aurait une supériorité indubitable. Nous en convenons, et c'est par cette considération que nous adopterions volontiers l'idée de M. de Pradt comme la meilleure si elle était exécutable; mais elle n'est pas dans les intentions de la Russie : elle a beau jeu pour conquérir la Grèce, et tout annonce qu'elle la conquerra, et que les Grecs passeront de la domination turque sous la domination russe. Si la Russie même consentait au projet de faire de la Grèce un état indépendant, monarchique, il est fort douteux que la presqu'île et la Grèce insulaire y consentissent; il est dans l'esprit des Grecs de former une république fédérative. La Grèce continentale renferme une population bien

moins active , bien moins remuante que la Grèce
insulaire , parce qu'elle a toujours été plus con-
tenue. La Grèce insulaire a en outre les avantages que lui donnent ses vaisseaux et son expérience dans la marine, car c'est de sa population
que se sont toujours formés les équipages de la
marine turque. C'est elle seule d'ailleurs qui a eu
de véritables avantages sur les Turcs. Ces considérations doivent donner aux Grecs insulaires
et à ceux de la presqu'île plus d'élévation dans
les idées, et leur faire désirer de former un
état indépendant ; leur tête ne se courbera que
forcément sous le joug d'un état monarchique
établi dans le continent. Il est même probable
que le projet de réunion de la Grèce à la Russie serait contrarié par les Grecs insulaires ou
habitans de la presqu'île.

De leur côté, les Anglais voyant les vastes
projets de la Russie, sentant la nécessité de les
arrêter aussitôt que le gant sera jeté peuvent
envoyer leurs flottes dans les mers de la Grèce,
occuper ses principaux points de débarquement,
et, sous prétexte de secourir la Turquie, s'em-
parer réellement de la Grèce insulaire et de la
Morée. De cette manière, la Russie, réduite à
la conquête du continent, perdrait le plus
grand avantage qu'elle aurait pu tirer de son
entreprise, en ne s'emparant pas de la domination de la Méditerranée. Car ce n'est pas

d'étendre son territoire continental dont la Russie a besoin, mais de se ranger dans la ligne des principales puissances maritimes. Constantinople tombera en sa puissance; mais le détroit gardé du côté de l'Asie par les Turcs ne sera pas entièrement libre; et, en cas de guerre, les vaisseaux russes pourront être foudroyés. Le croissant, effrayé du rapprochement de la Russie et des chrétiens, se renforcerait dans le continent sur lequel on l'aurait rejeté, et toute communication serait fermée pour long-temps avec cette partie du monde; ou du moins, la France, devenue étrangère dans la Méditerranée, ne pourra plus profiter de celles qui pourraient encore exister.

Tels seront probablement les résultats de l'insurrection des Grecs; ils ne peuvent être dans aucun cas avantageux pour la France qui a tout à craindre au contraire, et pour son importance politique, et pour son commerce. Les vœux de M. de Pradt comme Français nous paraissent donc au moins indiscrets. Ses amis et lui parlent sans cesse d'amour de la patrie, d'intérêt national, de gloire nationale; ce sont de bien grands mots que tout cela; mais je lisais en 1793 sur les arrêts des tribunaux révolutionnaires: *Humanité, amour de la patrie;* et les hommes qui écrivaient ces mots étaient les ennemis de la patrie et de l'humanité.

D'après l'incertitude qui règne dans l'avenir des Grecs, et les probabilités qu'il y a qu'ils passeront de la domination turque sous la domination russe et anglaise, nous n'hésitons pas de déclarer, contre l'avis de M. de Pradt, que le véritable intérêt de l'Europe était le maintien de la domination turque sur les Grecs. Les rêveries commerciales auxquelles il se livre dans ce chapitre n'étant fondé sur aucune donnée satisfaisante, il semblerait inutile de les combattre ; nous nous contenterons donc de quelques observations simples et à la portée de tout le monde : elles en seront la réfutation.

L'Orient peut se passer de l'Occident ; il n'en est pas de même de celui-ci à l'égard du premier. Les naturels des climats chauds ont très-peu de besoins : l'Inde est la preuve de ce que nous avançons ; elle ne reçoit rien, ou presque rien des Anglais, et tout ce qu'elle leur fournit se paie en or. Les Levantins seront de même à notre égard : pour si peu d'industrie que la liberté introduise chez les Grecs, elle sera toujours suffisante pour contenter leurs besoins. Ils ne recevront plus rien ou presque rien de nous, et il faudra donner de l'or pour nous procurer tous les objets que nous tirons du Levant et de l'Amérique : nous ne ferons pas ici l'énumération de tous ces objets dont la plupart sont devenus pour nous de première nécessité ; M. de

Pradt les connaît mieux que nous. Nous le prions seulement de nous faire connaître quelles sont les productions que nous pouvons donner en échange aux Grecs et aux Américains dont ils ne puissent très-aisément se passer, ou que d'autres nations plus voisines d'eux ne puissent leur fournir à meilleur marché que nous.

M. de Pradt nous a déjà donné quelques échantillons de son savoir sur cette matière, en nous assurant que notre commerce, entièrement annulé avec l'Espagne, se relèverait plus brillant et plus avantageux avec l'Amérique. Cette manie singulière de prédire un heureux avenir aux nations qui se déchirent ou qui souffrent est tellement enraciné dans l'esprit de notre prophète, que nous la croyons incurable; à moins que quelque mouvement de *civilisation* et de *perfectionnement* arrivé dans la Bourgogne et la Champagne, ne le prive quelque jour de ce vin délicieux que nous croyons être le génie familier qui inspire son imagination prophétique et lui fait voir tout en beau.

En effet, s'occuper sans cesse du bonheur des générations à venir, bonheur qui, s'il n'est pas une pure chimère, est du moins la chose la plus incertaine, et sacrifier à cette chimère la tranquillité et le repos de ses contemporains, est une folie qui n'a pas de nom, et qui ne peut être que l'effet d'un égarement total d'esprit.

Lorsque toutes les belles prédictions de notre prophète seront accomplies; lorsque la révolution emmenant avec elle la civilisation et l'industrie, aura fait le tour du globe, est-il bien certain que les hommes en seront plus heureux? et que feront-ils ensuite? car l'esprit de l'homme ne saurait rester en repos: il faudra donc inventer de nouveaux arts, de nouvelles sciences; sans cela on mourrait d'ennui dans ce monde. Ils se reposeront, me dira peut-être M. de Pradt, comme *Pyrrhus*. Mais dans ce cas je dirai comme *Cinéas* à M. *Pyrrhus de Pradt*: Que ne vous reposez vous à présent, puisqu'il vous est impossible, avec tous vos systèmes, d'éteindre les passions, et par conséquent leurs effets; puisqu'il y aura toujours des riches et des misérables, des forts et des faibles, des persécuteurs et des victimes, et que l'inégalité en tout genre est dans la nature, et par conséquent inévitable? Ne troublez pas l'ordre existant, faites le bien, prêchez-le aux autres; et faites bonne chère avec vos amis, sans vous embarrasser de ce qui arrivera dans deux mille ans d'ici.

Rousseau a vu le bonheur dans la sauvagerie et dans la jouissance des seuls plaisirs de la nature; M. *Pyrrhus de Pradt* méprise ce genre de bonheur; il fait consister le sien dans la civilisation, le luxe, l'industrie, l'abondance, et la production. Accordez-vous donc, philosophes, car voilà des systèmes diamétralement opposés. Faut-il renoncer à la civilisation, selon Jean-Jacques? ou faut-il, selon M. *Pyrrhus de Pradt*, travailler sans cesse à l'augmenter, et à en tirer toutes les conséquences possibles? Voilà le problème que le philosophe est appelé à résoudre.

(1) M. de Pradt suppose que le vœu de l'Europe, est aussi pour l'affranchissement de la Grèce. L'Europe n'a pas émis son vœu, et M. de Pradt prend sur lui de la représenter en cette occasion. Cependant quoique nous n'ayons reçu nous-mêmes aucun pouvoir de l'Europe, pour approuver ou contrarier en son nom l'assertion de M. de Pradt, nous croyons qu'il rend justice à ses habitans en leur supposant des sentimens humains. L'Europe désire l'affranchissement des Grecs, comme elle désire l'affranchissement des esclaves russes et polonais; mais elle ne voudrait pas que cet affranchissement fût acheté aux dépens de son repos. Faut-il troubler le monde pour opérer cet affranchissement? Voilà la question, et nous ne pensons pas qu'aucun homme sage la résolve comme fait M. de Pradt. Nous avons fait connaître plus haut les seules considérations qui nous paraissaient devoir engager la France à prendre part à la grande lutte qui est au moment de s'engager, et qui, selon

---

(1) *Vœu de l'Europe*, Chapitre XI, page 92.

toutes les apparences sera bien funeste à l'humanité ; mais nous ne nous sommes pas donné le ridicule de mettre *Homère* et *Phidias* en ligne de compte : dans nos considérations. Nous rendons une justice éclatante au mérite des grands hommes qui ont illustré la Grèce, nous respectons leur mémoire, nous admirons leurs ouvrages ; mais nous ne voyons pas ce qu'ils ont de commun avec les insulaires de *Négcepont* et les habitans de *Maina*. Nous l'avons déjà dit et nous le répétons, parce que M. de Pradt répète ici sa jérémiade : la Grèce d'aujourd'hui n'a rien de commun avec la Grèce d'autrefois ; et fût-elle encore aussi florissante qu'au temps d'*Alcibiade* et de *Périclès*, nous conseillerions au gouvernement de ne s'immiscer en rien dans la querelle avec les Turcs, à moins que ses résultats probables n'eussent un rapport bien direct avec notre honneur et notre tranquillité.

Les Grecs perfectionnèrent les arts et les sciences qu'ils tenaient des Égyptiens ; nous cultivons à notre tour ces mêmes arts et ces mêmes sciences, que l'Occident a conquis sur la Grèce ; c'est une succession de choses simple, naturelle, et qui n'entraîne aucune obligation, ni à l'égard de celui duquel on reçoit, ni, à plus forte raison, à l'égard de la centième génération de ses descendans.

Notre prophète tombe encore ici, comme à

son ordinaire, dans une étrange contradiction ; car, en imposant à l'Europe le devoir de respecter les Grecs et de les soutenir dans leur querelle, en leur qualité de descendans de la nation classique, dont on nous parle sans cesse, et dont on fatigue notre enfance, il excite les colonies à ne garder aucune mesure avec leurs métropoles. Nous pensons bien différemment que lui à cet égard ; car nous disons que l'Europe ne doit rien à la Grèce, et que les colonies doivent au contraire beaucoup à leurs métropoles. L'Europe désire spéculativement l'affranchissement des Grecs, mais elle est bien loin de former un pareil vœu à l'égard de ses colonies : les colons ne sont ni des peuples conquis, ni des esclaves ; ils sont enfans de la métropole ; c'est d'elle qu'ils tirent leur origine ; c'est au moyen de ses secours qu'ils ont fait leurs premiers établissemens ; c'est elle qui les a protégés contre leurs ennemis, et qui les a fait prospérer ; c'est encore à elle qu'ils doivent les armes et les troupes avec lesquelles ils ont pu soumettre d'abord, et exterminer ensuite, cette population indigène dont les malheurs inouïs firent verser tant de larmes au vertueux *Las Casas*, et dont l'impassible M. de Pradt ne dit pas un mot. Il assimile les Grecs conquis et opprimés aux colons conquérans et oppresseurs; et c'est sur ces derniers qu'il appelle tout l'intérêt de l'Europe.

Les colons se révoltant contre la mère-patrie, jouent le rôle d'enfans ingrats qui devenus grands méconnaissent leur origine et se dégagent spontanément des obligations que la nature leur avait imposées envers leur mère, en retour de la puissante protection et des soins dont elle avait entouré leur enfance. Une telle ingratitude est bien loin d'inspirer le moindre intérêt à l'Europe.

D'ailleurs, les doctrines que publie M. de Pradt sur les colonies, et qu'il reproduit dans chacun de ses ouvrages, outre qu'elles sont un chapitre essentiel du code de l'ingratitude, font aussi partie de celui de la rébellion, puisque les colons sont sujets de leur métropole. C'est sous ce dernier point de vue qu'il est nécessaire de les considérer ; car leur publication ne peut être que fatale à la France, puisqu'elle place ses colonies dans une position hostile à son égard, ce qui nécessite de sa part, pour les contenir, un emploi de force qu'elle n'aurait voulu employer que pour les protéger.

Nous n'hésitons pas d'ajouter, qu'en imitant de telles doctrines, évidemment en opposition avec les intérêts de la France et avec sa domination sur ses colonies, M. de Pradt joue évidemment le rôle d'un factieux, et qu'il vaudrait

presque autant qu'il excitât un ou plusieurs départemens à la révolte. Les colonies sont régies
par les mêmes lois que la France continentale ;
elles en font partie intégrante comme la Corse.
Exciter les colons à se rendre indépendans ,
c'est engager des sujets à se révolter contre leur
souverain : c'est ainsi que nous avons perdu
Saint-Domingue, par les déclamations d'un
autre abbé ; et le gouvernement , qui aurait dû
faire raison de ces deux grandeurs en les traitant selon leurs œuvres , a payé long-temps au
destructeur de Saint-Domingue des annuités con-
sidérables , et entretient le prédicateur actuel
de la révolte des colonies dans une aisance qui
suffirait pour faire le bonheur de trois familles
honnêtes.

(1) Nous avons déjà dit ce que nous pensions
sur la manière exagérée dont notre publiciste
parle des forces de la Russie ; il répète à peu
près dans ce chapitre ce qu'il a dit précédem-
ment; il y bâtit un système de fixation des bornes
que l'on devrait donner à l'empire russe. Ce
chapitre retombe naturellement dans celui où
l'auteur offre à l'Europe le secret d'établir sa
tranquillité sur des bases inébranlables. Nous
avons fait notre profession de foi sur ces sortes

----

(1) *La Russie*, Chapitre XII , page 95.

d'utopies, qui ont été combattues par M. de Bonald, à la tribune de la chambre, d'une manière si piquante et si raisonnable.

Le prophète, après avoir reproduit ses théories de division, de fixation, de stabilité, arrive enfin à la conclusion, dans laquelle il indique les causes qui pourront faire échouer les Grecs dans leur entreprise, et celles qui peuvent servir à la favoriser : dans celles-ci, il indique la guerre des Russes et des Persans contre la Turquie. La guerre des Persans est déjà finie. Il s'agit d'agrandir l'empire russe et de chasser le croissant de l'Europe : la Perse ne favorisera jamais de telles entreprises; aussi un accommodement paraît déjà avoir eu lieu entre elle et la Turquie. Voilà donc une partie du grand plan d'attaque contre la Turquie annulée par la retraite d'une puissance. Il reste la Russie, que M. de Pradt suppose désintéressée : en cela nous pensons qu'il voit mal. La Russie dans ses actes publics n'est que politique : il faut la juger par ses actes secrets, par son ambition, par le désir qu'elle a d'être maîtresse de Constantinople : c'est le plan de Catherine qui est au moment de s'exécuter. Les Grecs n'entrent que pour bien peu de chose dans les calculs de la Russie : c'est la Grèce qu'elle convoite. Les Grecs subiront un joug quelconque; ils ne resteront pas indépendans; ils seront divisés, et feront partie de deux ou trois empires; mais

ils ne seront pas libres de se donner un gouvernement à leur fantaisie. Ce sont des choses qu'il
est facile de prévoir.

Si après avoir affranchi les Grecs de la domination turque, on leur laisse le champ libre, il
est à présumer que leurs discordes vengeront la
Turquie de leur révolte. Jamais les insulaires
ni les *Moréens* ne consentiront à dépendre du
continent ; ils voudront des républiques fédé-
ratives : ils rêveront le gouvernement de l'ancienne Grèce, et ils entreprendront de le ré-
tablir ; tandis que la partie continentale qui
comprend la Thrace, la Macédoine, l'Épire, etc.,
ploierait seule sous le joug d'un maître.

Mais la Grèce ne sera pas consultée ; elle su-
bira la loi du vainqueur des Turcs, et sera ainsi
comprise dans le grand système politique de
l'Europe. Puisse ce nouveau système se trouver
d'accord avec les intérêts de la France ! La
franche réunion de tous ses partis pourrait lui
donner une très-grande influence dans les décisions des puissances ; elle ne peut l'obtenir que
par-là : l'obtiendra-t-elle ? c'est ce donc nous
pourrons juger à la prochaine session des cham-
bres. Ce que nous pouvons affirmer, c'est que
les véritables amis de la monarchie, du roi, et
de la charte qu'il nous a octroyée de sa pleine
et entière volonté, feront tous leurs efforts pour

maintenir intact l'honneur et la gloire de leur patrie, et que, bien loin de contrarier le gouvernement, ils l'appuieront de tous leurs moyens lorsqu'il marchera vers ce but.

FIN.